Min tosprogede billedbog
İki Dilli Resimli Kitabım

Sefas smukkeste børnefortællinger i ét bind

Ulrich Renz • Barbara Brinkmann:
Sov godt, lille ulv · İyi uykular, küçük kurt
Alder: fra 2 år

Cornelia Haas • Ulrich Renz:
Min allersmukkeste drøm · En Güzel Rüyam
Alder: fra 2 år

Ulrich Renz • Marc Robitzky:
De vilde svaner · Yaban kuğuları
Efter et eventyr af Hans Christian Andersen
Alder: fra 5 år

© 2024 by Sefa Verlag Kirsten Bödeker, Lübeck, Germany. www.sefa-verlag.de

Special thanks to Paul Bödeker, Freiburg, Germany

All rights reserved.

ISBN: 9783756304042

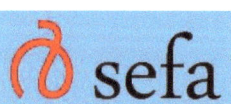

Læs · Lyt · Forstå

Sov godt, lille ulv
İyi uykular, küçük kurt

Ulrich Renz / Barbara Brinkmann

dansk — tosproget — tyrkisk

Oversættelse:

Michael Schultz (dansk)

Şerife Aydoğmuş (tyrkisk)

Lydbog og video:

www.sefa-bilingual.com/bonus

Gratis adgang med koden:

dansk: **LWDA1310**

tyrkisk: **LWTR2927**

Godnat, Tim! Vi leder videre i morgen.
Sov nu godt!

İyi geceler Tim, yarın aramaya devam ederiz.
Şimdi güzelce uyu!

Udenfor er det allerede mørkt.

Hava karardı.

Hvad laver Tim nu der?

Peki Tim ne yapıyor?

Han går ud til legepladsen.
Hvad leder han efter?

Dışarı çıkıyor, parka gidiyor.
Orda aradığı nedir?

Den lille ulv!

Uden den kan han ikke sove.

Küçük peluş kurdu!

Onsuz uyuyamıyor.

Hvem kommer der?

Kimdir şurdan gelen?

Marie! Hun leder efter sin bold.

Marie! O da topunu arıyor.

Og hvad leder Tobi efter?

Tobi ne arıyor peki?

Sin gravemaskine.

Vinçini.

Og hvad leder Nala efter?

Peki Nala ne arıyor?

Sin dukke.

Bebeğini.

Skulle børnene ikke være i seng?
Katten undrer sig.

Çoçukların yatağa gitmeleri gerekmiyor mu?
Kedi çok şaşırıyor.

Hvem kommer nu?

Şimdi kim geliyor?

Tims mor og far!
Uden deres Tim kan de ikke sove.

Tim'in Annesi ve Babası!
Tim olmadan uyuyamıyorlar.

Og dér kommer der endnu flere! Maries far.
Tobis bedstefar. Og Nalas mor.

Bir çok kişi daha geliyor! Marie'nin Babası.
Tobi'nin Dedesi. Ve Nala'nın Annesi.

Men nu hurtigt i seng!

Hadi ama çabuk yatağa!

Godnat, Tim!

I morgen behøver vi ikke at lede mere.

İyi geceler, Tim!

Sabahleyin aramak zorunda değiliz artık.

Sov godt, lille ulv!

İyi uykular, küçük kurt!

Cornelia Haas • Ulrich Renz

Min allersmukkeste drøm

En Güzel Rüyam

Oversættelse:

Pia Schmidt (dansk)

Beyza Günsür (tyrkisk)

Lydbog og video:

www.sefa-bilingual.com/bonus

Gratis adgang med koden:

dansk: **BDDA1310**

tyrkisk: **BDTR2927**

Lulu kan ikke falde i søvn. Alle de andre drømmer allerede – hajen, elefanten, den lille mus, dragen, kænguruen, ridderen, aben, piloten. Og løveungen. Også bamsen kan næsten ikke holde sine øjne åbne ...

Tager du mig med i din drøm, bamse?

Lulu uykuya dalamıyor. Diğer herkes rüya görmeye başladı bile – köpekbalığı, fil, küçük fare, ejderha, kanguru, şövalye, maymun, uçak kaptanı. Ve aslan yavrusu. Ayıcığın da gözleri kapanıyor...

Ayıcık, beni de yanında rüyana götürür müsün?

Og så er Lulu i bamsernes drømmeland. Bamsen fanger fisk i Tagayumisøen. Og Lulu undrer sig over, hvem der bor deroppe i træerne? Da drømmen er slut, vil Lulu opleve endnu mere. Kom med, vi skal på besøg hos hajen! Hvad den mon drømmer?

Hemencecik Lulu ayıcık hayal dünyasına varıyor. Ayıcık, Tagayumi gölünde balık tutuyor. Ve Lulu ağaçların tepesinde acaba kimlerin yaşadığını merak ediyor.

Rüya bittiğinde Lulu daha da fazlasını yaşamak istiyor. Haydi gelin, köpek balığını ziyaret edelim! Acaba o rüyasında ne görüyor?

Hajen leger tagfat med fiskene. Endelig har den fået venner! De er ikke bange for dens skarpe tænder.

Da drømmen er slut, vil Lulu opleve endnu mere. Kom med, vi skal på besøg hos elefanten! Hvad den mon drømmer?

Köpekbalığı balıklarla yakalamaca oynuyor. Nihayet arkadaşları oldu! Kimse onun sivri dişlerinden korkmuyor.

Rüya bittiğinde Lulu daha da fazlasını yaşamak istiyor. Haydi gelin, fili ziyaret edelim. Acaba o rüyasında ne görüyor?

Elefanten er let som en fjer og kan flyve! Om lidt lander den på en himmelsk blomstereng.

Da drømmen er slut, vil Lulu opleve endnu mere. Kom med, vi skal på besøg hos den lille mus! Hvad den mon drømmer?

Fil bir tüy kadar hafif ve uçabiliyor! Birazdan bir cennet bahçesine iniş yapacak.

Rüya bittiğinde Lulu daha da fazlasını yaşamak istiyor. Haydi gelin, küçük fareyi ziyaret edelim. Acaba o rüyasında ne görüyor?

Den lille mus besøger Tivoli. Den kan bedst lide rutsjebanen.
Da drømmen er slut, vil Lulu opleve endnu mere. Kom med, vi skal på besøg hos dragen! Hvad den mon drømmer?

Küçük fare lunaparkı izliyor. En çok hız trenini beğeniyor.
Rüya bittiğinde Lulu daha da fazlasını yaşamak istiyor. Haydi gelin, ejderhayı ziyaret edelim. Acaba o rüyasında ne görüyor?

Dragen er blevet helt tørstig af at spy ild. Den vil helst drikke hele limonadesøen.

Da drømmen er slut, vil Lulu opleve endnu mere. Kom med, vi skal på besøg hos kænguruen! Hvad den mon drømmer?

Ejderha ateş püskürtmekten susamış. İçinden bütün limonata gölünü içmek geliyor.

Rüya bittiğinde Lulu daha da fazlasını yaşamak istiyor. Haydi gelin, kanguruyu ziyaret edelim. Acaba o rüyasında ne görüyor?

Kænguruen hopper rundt i slikfabrikken og fylder sin pung helt op. Endnu flere blå bolsjer! Og flere slikkepinde! Og chokolade!
Da drømmen er slut, vil Lulu opleve endnu mere. Kom med, vi skal på besøg hos ridderen! Hvad han mon drømmer?

Kanguru şekerleme fabrikasında zıplayıp, kesesini tıka basa dolduruyor. Mavi şekerlerden daha fazla! Ve daha fazla lolipop! Bir de çikolata! Rüya bittiğinde Lulu daha da fazlasını yaşamak istiyor. Haydi gelin, şövalyeyi ziyaret edelim. Acaba o rüyasında ne görüyor?

Ridderen leger lagkagekast med sin drømmeprinsesse. Åh! Lagkagen rammer ved siden af!

Da drømmen er slut, vil Lulu opleve endnu mere. Kom med, vi skal på besøg hos aben! Hvad den mon drømmer?

Şövalye hayalindeki prenses ile pasta savaşı yapıyor. Tüh! Kremalı pastayı tutturamadı.

Rüya bittiğinde Lulu daha da fazlasını yaşamak istiyor. Haydi gelin, maymunu ziyaret edelim. Acaba o rüyasında ne görüyor?

Endelig har det sneet i abeland! Hele abebanden er ude og laver abestreger.

Da drømmen er slut, vil Lulu opleve endnu mere. Kom med, vi skal på besøg hos piloten! I hvilken drøm er han mon landet?

Nihayet maymunlar dünyasında kar yağdı! Maymunlar çetesi sevinçten çıldırıyor ve maskaralık yapıyor.

Rüya bittiğinde Lulu daha da fazlasını yaşamak istiyor. Haydi gelin, uçak kaptanını ziyaret edelim. Acaba o rüyasında ne görüyor?

Piloten flyver og flyver. Lige til verdens ende og videre helt op til stjernerne. Det er der ikke nogen pilot der har gjort før.
Da drømmen er slut, er alle blevet meget trætte og vil slet ikke opleve så meget mere. Men de vil nu gerne besøge løveungen. Hvad den mon drømmer?

Kaptan uçtukça uçuyor. Dünyanın sonuna kadar, hatta daha uzağa, yıldızlara kadar. Bunu başka hiç bir uçak kaptanı başaramadı.

Rüya bittiğinde herkes çok yorgun ve daha fazlasını yaşamak istemiyorlar. Ama son olarak aslan yavrusunu da ziyaret etmek istiyorlar. Acaba o rüyasında ne görüyor?

Løveungen har hjemve og vil tilbage til sin bløde og varme seng.
Og det vil de andre også.

Og så begynder ...

Yavru aslan evini özlüyor ve sıcacık, rahat yatağa dönmek istiyor. Diğerleri de.

Ve orada başlıyor...

... Lulus
allersmukkeste drøm.

... Lulu'nun
en güzel rüyası.

Ulrich Renz • Marc Robitzky

De vilde svaner

Yaban kuğuları

Oversættelse:

Pia Schmidt (dansk)

Gizem Pekol (tyrkisk)

Lydbog og video:

www.sefa-bilingual.com/bonus

Gratis adgang med koden:

dansk: **WSDA1310**

tyrkisk: **WSTR2927**

Ulrich Renz · Marc Robitzky

De vilde svaner

Yaban kuğuları

Efter et eventyr af

Hans Christian Andersen

dansk — tosproget — tyrkisk

Der var engang tolv kongebørn – elleve brødre og deres storesøster, Elisa. De levede lykkeligt på et smukt slot.

Bir varmış, bir yokmuş. Evvel zaman içinde, kalbur saman içinde; pireler berber, develer tellal iken, ben annemin, babamın beşiğini tıngır mıngır sallar iken, az gittim, uz gittim, dere tepe düz gittim, birde döndüm baktım ki bir arpacık yol gitmişim.

Derken bir kralın oniki çocuğu varmış. Kardeşlerin onbiri erkek, en büyükleri ise Elisa isminde bir kız imiş. Hep birlikte çok güzel bir sarayda mutlu mesut yaşıyorlarmış.

Men en dag døde deres mor, og nogen tid senere giftede kongen sig igen. Den nye dronning var dog en ond heks. Hun fortryllede de elleve prinser, så de blev til svaner, og sendte dem langt bort til et fjernt land på den anden side af skoven.

Günün birinde anneleri ölmüş. Kısa zaman sonra kral başka bir kadınla evlenmiş. Ama yeni karısı aslında bir cadı imiş. Bu cadı onbir prensi kuğulara dönüştürüp onları çok uzak bir ülkenin derin ormanına yollamış.

Pigen klædte hun i laset tøj, og hendes ansigt smurte hun ind i en hæslig salve. Ikke engang hendes far kunne kende sin egen datter igen, og han jog hende bort fra slottet. Elisa løb ind i den mørke skov.

Kızı da eski püskü giydirip yüzüne onu çirkinleştiren bir merhem sürmüş. Okadar çirkin olmuş ki babası onu tanıyamayıp sarayından kovalamış. Elisa karanlık ormana koşmuş.

Nu var hun helt alene, og hun savnede sine forsvundne brødre af hele sit hjerte. Da det blev aften, redte hun sig en seng af mos under træerne.

Şimdi prenses öyle yalnız kalmış ki, kardeşlerinin hepsini kalbinin derinliklerinde çok özlediğini hisseder olmuş. Gece olduğunda kızcağız kendine ağaçların altında yosunlardan bir döşek yapmış.

Næste morgen kom hun hen til en stille sø og blev helt forskrækket, da hun så sit spejlbillede i vandet. Men da hun havde vasket sig, var hun det smukkeste kongebarn på jorden.

Ertesi sabah durgun bir göldeki suda kendi yüzünü görüp çok korkmuş. Ama gölde yıkandıktan sonra güneşin altındaki en güzel prenses oluvermiş.

Mange dage senere nåede hun frem til det store hav. På bølgerne gyngede elleve svanefjer.

Günler sonra Elisa açık denize varmış. Dalgaların üstünde onbir tane kuğu tüyünün yüzdüğünü görmüş.

Da solen gik ned, kunne man høre vingesus i luften og elleve svaner landede på vandet. Elisa genkendte straks sine fortryllede brødre. Men da de talte svanesprog, kunne hun ikke forstå dem.

Tam güneşin battığı anda gökten bir uğultuyla beraber onbir tane yaban kuğusu denize inmiş. Elisa büyülü kardeşlerini hemen tanımış. Ama kuğu dilini konuştukları için onların ne dediklerini anlayamamış.

Om dagen fløj svanerne bort, om natten lå de tolv søskende i en hule og klyngede sig til hinanden.

En nat havde Elisa en forunderlig drøm: Hendes mor fortalte hende, hvordan hun kunne forløse sine brødre. Hun skulle strikke en skjorte af brændenælder til hver svane og kaste skjorten over svanen. Men indtil da måtte hun ikke sige et ord, ellers ville hendes brødre dø.
Elisa gik straks i gang med arbejdet. Selv om hendes hænder sved som ild, strikkede hun ihærdigt videre.

Gündüzleri kuğular uzaklara uçup, geceleri mağaranın içine sığınarak, birbirlerine sarılıp uyuyorlarmış.

Bir gece Elisanın annesi rüyasına girmiş ve ona kardeşlerini nasıl bu büyüden kurtarabileceğini söylemiş. Herbirine ısırgan otundan birer gömlek örüp üzerlerine atmasını anlatmış. Bunu başarıncaya kadar hiçkimseyle konuşmaması şart imiş, yoksa kardeşleri ölecekmiş.
Elisa hemen örmeye başlamış. Isırgan otu ellerini çok kötü yaktığı halde, yorulmadan örmeye devam etmiş.

En skønne dag hørte hun jagthorn i det fjerne. En prins kom ridende med sit følge og stod snart foran Elisa. Da deres blikke mødtes, blev de straks forelsket i hinanden.

Bir gün uzaktan avcıların borazan sesleri gelmiş. Ve de kısa bir süre sonra karşısında prens ile birlikte olan avcılarla karşılaşmışlar. Gözgöze geldikleri anda, birbirlerine aşık olmuşlar.

Prinsen løftede Elisa op på sin hest og red hjem til sit slot sammen med hende.

Prens, Elisayı kucakladığı gibi atın üstüne alıp onu kendi sarayına götürmüş.

Den mægtige skatmester var ikke særligt begejstret for den tavse skønheds ankomst. Han havde udset sin egen datter til at blive prinsens brud.

Saraydaki güçlü vezir bu dilsiz güzelin gelmesinden hiç hoşlanmamış. Çünkü prensin kendi kızıyla evlenmesini istiyormuş.

Elisa havde ikke glemt sine brødre. Hver aften arbejdede hun videre på deres skjorter. En nat gik hun ud til kirkegården, for at hente friske brændenælder. Skatmesteren holdt i hemmelighed øje med hende.

Elisa kardeşlerini hiç unutmamış, her gece gömleklerini örmeye devam etmiş. Bir gece mezarlıktan taze ısırgan otu toplamaya gitmiş. Sarayın veziri, onu görüp takip etmiş.

Så snart prinsen tog på jagt igen, fik skatmesteren smidt Elisa i fangehullet. Han påstod, at hun var en heks, som mødtes med andre hekse om natten.

Prensin ava gittiği bir gün vezir, Elisayı cadılıkla suçlayıp geceleri başka cadılarla buluşma bahanesiyle zindana attırmış.

Ved daggry blev Elisa hentet af vagterne. Hun skulle brændes på torvet.

Gün ağarırken gardiyanlar Elisayı alıp pazar yerinde yakmak istemişler.

De var lige nået dertil, da elleve hvide svaner pludseligt kom flyvende. Elisa skyndte sig at kaste en nældeskjorte over hver svane. Med ét stod alle elleve brødre foran hende igen. Kun den mindste bror, hvis skjorte ikke var blevet helt færdigt, beholdt en vinge i stedet for sin arm.

Oraya tam vardıkları anda onbir beyaz kuğu birden meydana inmiş. Elisa alel acele, hepsinin üstüne birer gömlek atmış. O anda kardeşlerinin hepsi tekrar birer prens olarak karşısında durmuş. Ama kardeşlerinin en küçüğünün gömleği tam bitmediği için bir kolu kanat olarak kalmış.

De tolv søskende kyssede og krammede hinanden, da prinsen kom tilbage. Endelig kunne Elisa forklare ham alt. Prinsen lod den onde skatmester smide i fangehullet. Så blev der holdt bryllup i syv dage.

Og de levede lykkeligt til deres dages ende.

Daha kardeşleriyle sarılıp kucaklaşırken, prens geri gelmiş. Nihayet Elisa, prense her şeyi anlatabilmiş. Prens ise kötü veziri zindana attırmış. Sonrada prens ile Elisanın yedi gün yedi gece düğünleri yapılmış.

Ve sonsuza kadar mutlu yaşamışlar.

Hans Christian Andersen

Hans Christian Andersen blev født 1805 i Odense og døde i 1875 i København. Med sine smukke eventyr "Den lille havfrue", "Kejserens nye klæder" eller "Den grimme ælling" blev han verdensberømt. Eventyret "De vilde svaner", blev offentliggjort i 1838. Det er efterfølgende blevet oversat til over hundrede sprog og genfortalt i mange versioner bl.a. til teater, film og musicals.

Barbara Brinkmann blev født 1969 i München og er opvokset i Bayern. Hun har læst til arkitekt i München og arbejder i dag på Technische Universität i München på fakultetet for arkitektur. Ved siden af arbejder hun som selvstændig grafiker, illustrator og forfatter.

Cornelia Haas blev født 1972 i Ichenhausen ved Augsburg (Tyskland). Hun har læst til designer på Fachhochschule Münster. Siden 2001 har hun illustreret børne- og ungdomsbøger og siden 2013 underviser hun i akryl- og digitalt maleri på Fachhochschule Münster.

Marc Robitzky blev født i 1973 og har læst på Technische Kunstschule i Hamborg og Academy of Visual Arts i Frankfurt. Han arbejder freelance som illustrator og kommunikationsdesigner i Aschaffenburg (Tyskland).

Ulrich Renz blev født 1960 i Stuttgart (Tyskland). Han har læst fransk litteratur i Paris og medicin i Lübeck, derefter arbejdede han på et videnskabeligt forlag. I dag er Renz forfatter og skriver fagbøger samt børne- og ungdomsbøger.

Kan du godt lide at tegne?

Her finder du billeder fra historien som du selv kan farvelægge:

www.sefa-bilingual.com/coloring

www.ingramcontent.com/pod-product-compliance
Lightning Source LLC
LaVergne TN
LVHW070443080526
838202LV00035B/2718